LE

NOTARIAT BELGE

ET LE

NOTARIAT FRANÇAIS

RÉFORMES NÉCESSAIRES

PAR

Valère **HERVÉ**,

DOCTEUR EN DROIT

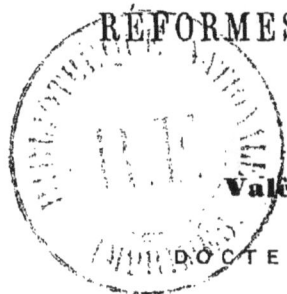

POITIERS

TYPOGRAPHIE DE H. OUDIN FRÈRES

4, RUE DE L'ÉPERON, 4.

1877

LE NOTARIAT BELGE

ET LE

NOTARIAT FRANÇAIS

RÉFORMES NÉCESSAIRES

PAR

Valère HERVÉ,

DOCTEUR EN DROIT

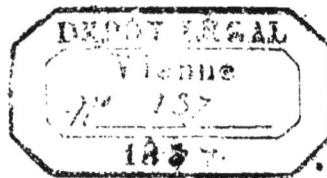

POITIERS

TYPOGRAPHIE DE H. OUDIN FRÈRES

4, RUE DE L'ÉPERON, 4.

1877

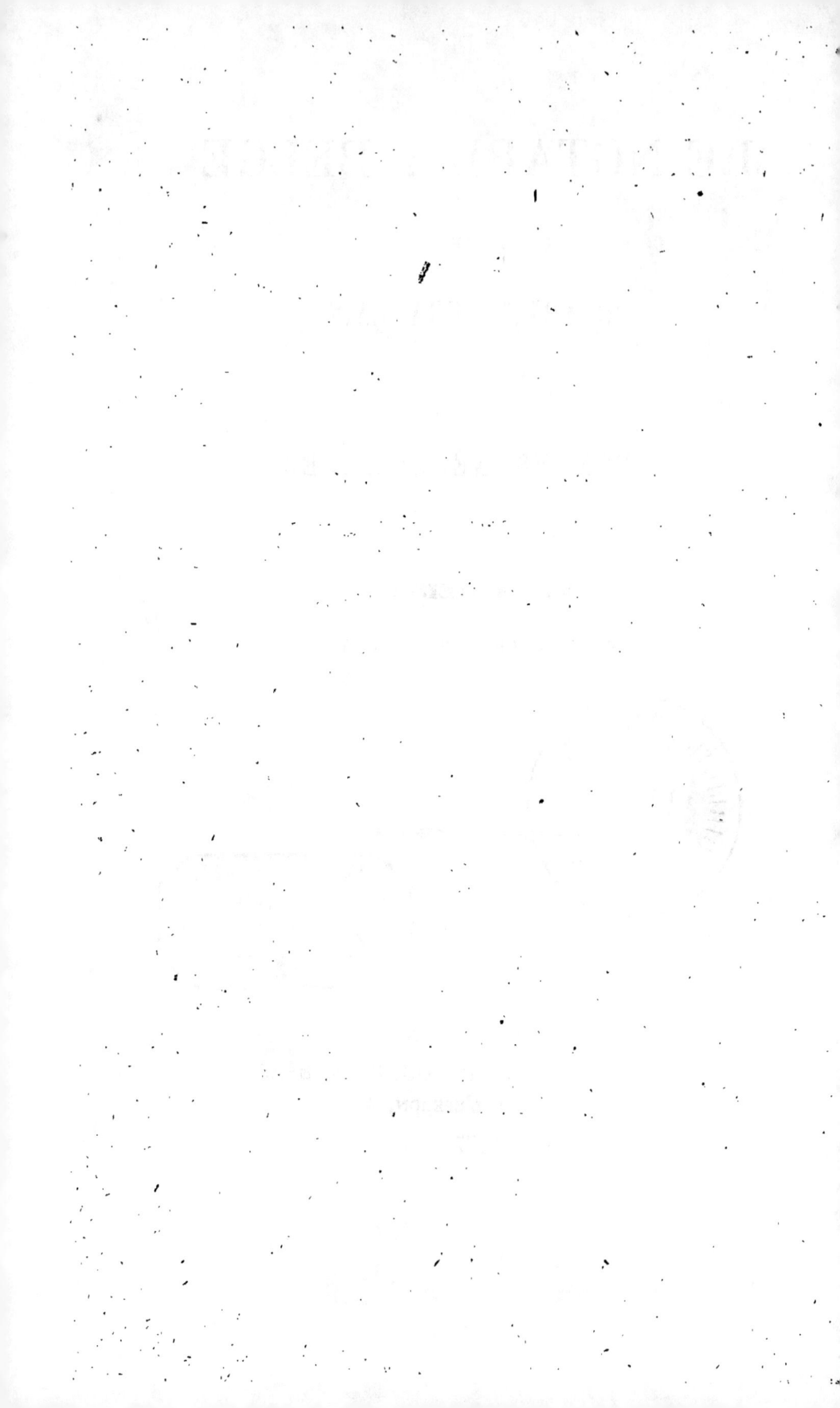

A SA MAJESTÉ LÉOPOLD II

ROI DES BELGES.

PRÉFACE

En Belgique, le notariat a reçu, depuis sa loi organique du 25 ventose an XI, des améliorations remarquables et n'est pas resté dans l'ornière de la routine.

De nouvelles modifications devraient, selon moi, être faites à cette utile et dangereuse institution.

J'ose les soumettre au Gouvernement Belge.

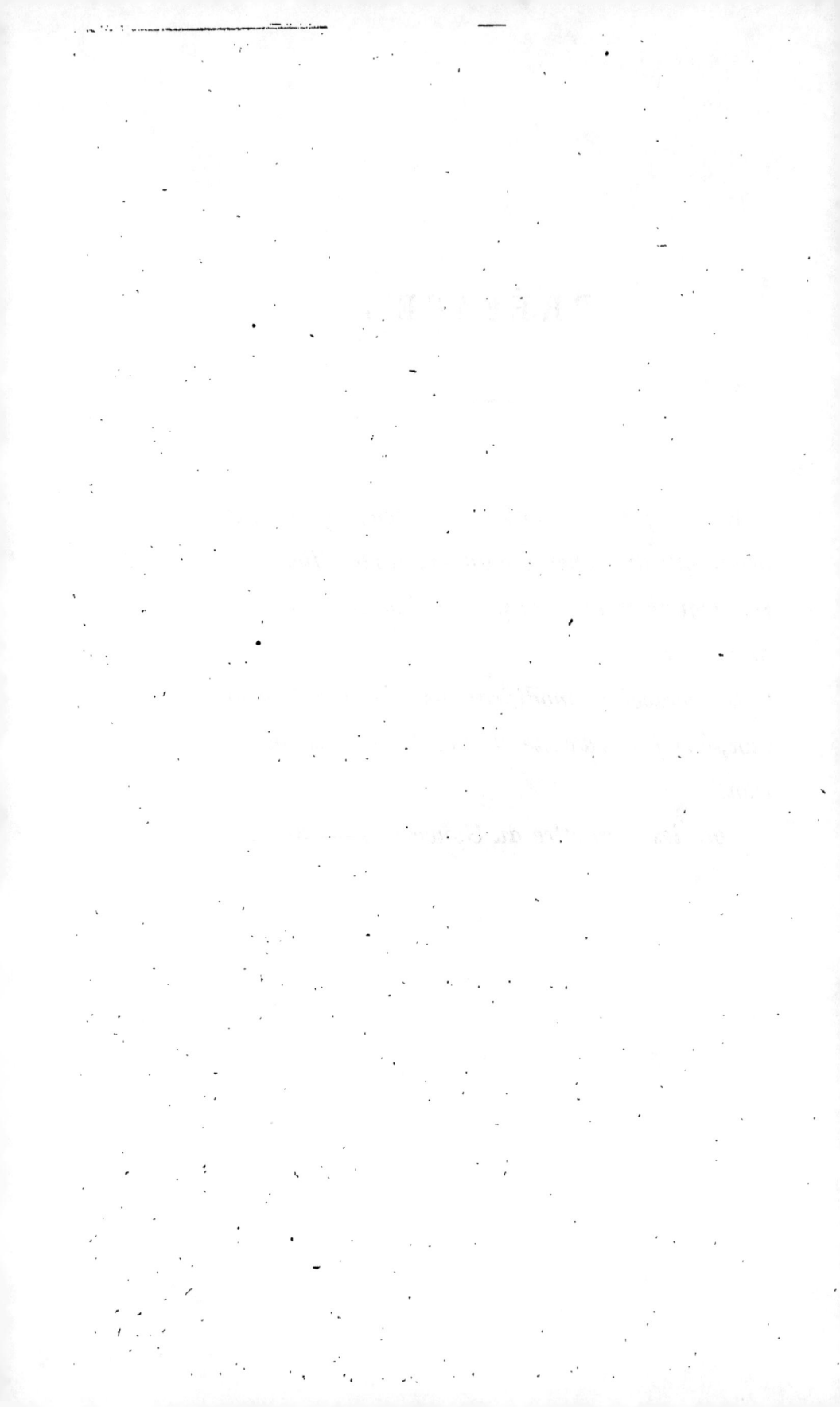

LE NOTARIAT BELGE

ET LE NOTARIAT FRANÇAIS

—oo§ø§o•——

NOMINATION DES NOTAIRES.

— Le notaire est investi d'une mission délicate et redoutable.

Il rédige les actes et les contrats ; il donne force de loi aux déclarations, aux conventions formulées devant lui, même quand les parties ne savent signer et qu'il est seul avec elles !

Il est dépositaire de pièces et de secrets importants.

Dans les campagnes et les petites villes, il est le conseil, le guide ordinaire des pères de famille.

Mieux que le juge de paix il est le pacificateur

4*

des querelles domestiques, quand elles sont nées
du conflit des intérêts opposés.

Il met souvent en relations les capitalistes
vaniteux avec les très-humbles emprunteurs.

Il met en relations les débiteurs ruinés, qui
ont besoin de vendre leurs immeubles , avec
d'opulents voisins qui convoitent avidement ce
bien et voudraient spéculer sur la misère d'au-
trui. Et c'est ici surtout qu'il faut à l'officier
public des sentiments délicats et des trésors d'ha-
bileté.

C'est devant lui et par sa médiation que se
prennent des résolutions graves et extrêmes,
que se concluent des marchés, des transactions
qui vont enrichir ou appauvrir l'un des contractants. . . . .

. . . .

— S'il a l'honorabilité et la science requises,
les instruments auxquels il donne l'authenticité
sont scrupuleusement conformes à la vérité ; sa
plume ne consacre jamais un contrat dont la
rédaction masque la fraude ou l'iniquité.

Il ne permet pas que le faible soit opprimé par
le fort, et sait dire à propos un mot qui rappelle
les gens à l'observation du devoir.

Il ne s'associe pas aux manœuvres qui amènent la ruine chez les débiteurs et chez lui un certain profit.

Son oreille se ferme aux promesses des corrupteurs.

Plein de bonté pour les pauvres, ingénieux à leur épargner des frais, il abaisse pour eux ou efface le chiffre de son honoraire.

Il ne rampe pas aux pieds du riche.

Érudit et studieux, il connaît la loi générale et ne la heurte pas en formulant les lois particulières des contractants.

Il ne fait pas d'actes inutiles ; emploie les formalités les moins dispendieuses, et dans chaque opération n'a pas spécialement en vue le lucre qu'on en peut tirer.

Il n'a pas d'agents stipendiés, qui, sur son signal, courent après une affaire et la lui apportent.

Ses collègues sont des frères à ses yeux. Aussi ne l'a-t-on jamais vu amoindrir ses émules, et, à l'instar des candidats électoraux, semer la médisance, le mensonge et la calomnie.

Le notaire qui remplit sagement et habilement son mandat exerce un véritable sacerdoce. Il est un des bienfaiteurs de la société.

Mais, s'il manque d'honnêteté ou de capacité, les fautes involontaires ou les crimes qu'il peut commettre sont si nombreux que je n'essaierai pas de les énumérer.

— Or, l'investiture des fonctions notariales est-elle accordée avec assez de précaution?

— En Belgique, la loi du 25 ventose an XI et le décret du 2 nivose an XII, qui organisent le notariat, ont reçu une sérieuse et heureuse modification. Ce ne sont plus les chambres de discipline qui confèrent le brevet de capacité.

Une nouvelle loi ordonne aux candidats notaires de conquérir leur diplôme devant une Faculté de droit ou devant une Commission nommée périodiquement et composée d'hommes d'élite.

Le gouvernement et le pouvoir législatif ont merveilleusement compris qu'il fallait élever le niveau des connaissances notariales.

Ce n'est pas dans les études de notaire que s'acquiert la science du droit : on ne l'y enseigne pas. La pratique des affaires imprime sans doute les théories dans l'esprit; elle ne les apprend pas, elle les suppose déjà apprises. Et puis les notaires-examinateurs étaient rarement jurisconsultes; ils n'étaient pas à même de peser et d'apprécier le savoir juridique des candidats; et, ce qui était encore plus grave, ils pouvaient avoir la pensée d'admettre dans leur corporation des concurrents peu redoutables !

— En France, on suit les anciens errements. Les chambres syndicales délivrent toujours les certificats de moralité et de capacité.

Notre mode de nomination, outre les inconvénients qui existaient autrefois en Belgique, offre deux particularités des plus irrationnelles, qu'il convient de signaler.

Il exige que l'aspirant au notariat achète son office avant de subir l'épreuve qui lui ouvrira la carrière ! Il exige qu'en cas de changement de résidence un vieux tabellion soit tenu d'affronter les chances défavorables d'un examen !

PRÉROGATIVES IMPORTANTES ACCORDÉES AU NOTARIAT, EN BELGIQUE.

— Sur le territoire restreint de cette nation, prodigieusement grande par son industrie, ses institutions et ses lois, le droit de propriété immobilière n'est régulièrement transmis au regard des tiers que par *un acte authentique* et la transcription ; les partages et licitations des biens des mineurs et des interdits et les adjudications qui suivent les saisies se font économiquement par le ministère des notaires.

Il y a là un avantage pour la société, un avantage et un prestige de plus pour le notariat.

En France, les partages et licitations qui intéressent les incapables et la mise aux enchères publiques des immeubles saisis sont précédés et entourés de formalités judiciaires superflues et onéreuses. D'un autre côté, les ventes et échanges des choses immobilières sont fort souvent consacrés par des écrits sous seings privés; et les actes de cette nature, tracés par des mains inhabiles, renferment des nullités, ne font pas foi de la véracité des signatures qui y sont apposées et ne transmettent qu'un droit de propriété imparfait et incertain.

Empressons-nous donc d'adopter le système belge.

SUPÉRIORITÉ DU NOTARIAT BELGE.

— Le court parallèle que je viens d'établir suffit à démontrer que l'institution du notariat en Belgique a fait de véritables progrès et laisse bien loin derrière elle l'institution française.

NOUVEAUX PERFECTIONNEMENTS DÉSIRABLES

DANS LES DEUX PAYS.

1° *Diplôme de licencié en droit.*

— Ordonner, à l'exemple de la loi belge, que les futurs notaires aient un brevet de capacité délivré par une Faculté ou par un jury spécial, serait assurément un grand pas vers la perfection. Mais, à mon avis, nous pouvons encore mieux faire.

— Le notaire doit être légiste. Or la connaissance des lois ne s'obtient pas facilement sans le secours d'un guide éclairé.

En écoutant les savantes leçons de ses professeurs, le jeune homme découvre les grands principes du droit, leurs sources historiques et philosophiques, leur raison d'être, leur étendue et leur portée ; il les discerne des détails secondaires et quasi-superflus ; il puise dans la législation romaine des documents précieux qui projettent sur notre code une abondante clarté. Il s'explique comment un texte qui semble en contrarier un autre s'harmonise avec celui-ci... La lumière se fait partout à ses yeux.

L'assiduité aux cours d'une Faculté et l'obtention du grade de licencié pourraient être, je crois, avantageusement imposées aux candidats-notaires.

Et pourquoi donc la porte du notariat s'ouvrirait-elle plus aisément que celle de la magistrature? Les juges rencontrent-ils autant de difficultés à résoudre, autant de problèmes embarrassants, autant d'écueils devant leur probité que les notaires? Les jugements sont précédés des plaidoiries , du choc de la discussion; ils sont délibérés par plusieurs; ils se rendent en public et après réflexion de huit ou quinze jours. Les instruments notariés sont ordinairement rédigés séance tenante, dans l'ombre du cabinet, par la main, avec la science et la conscience d'un seul homme !

— Le notaire doit être un peu moraliste, voir de haut les choses humaines et sociales. Il lui faut les notions d'une saine philosophie.

Ceux qui n'ont fréquenté que l'école primaire et l'étude du notaire de leur village n'ont pu y cultiver suffisamment leur intelligence, y acquérir assez d'élévation de sentiments et de pensées pour aspirer à la magistrature du notariat.

2. *Tarif.*

— La profession de notaire est, en elle-même et dans son exercice, extrêmement laborieuse. Et ce qui ajoute encore à son labeur et quelquefois d'une façon désespérante, c'est le recouvrement de ses créances.

En Belgique il n'existe aucun tarif ; l'officier public détermine avec son client le chiffre de son honoraire, conformément à l'art. 51 de la loi du 25 ventôse ; en cas de désaccord on s'incline devant la taxation prononcée par le tribunal. En France chaque corporation d'arrondissement s'est fait un tarif modéré que tous les notaires de la circonscription sont tenus de respecter, mais qui n'a rien d'obligatoire pour le juge : de sorte que si nos tarifs empêchent le marchandage, ils n'arrêtent pas le recours en justice.

Cet état de choses dans les deux pays est extrêmement fâcheux, il occasionne aux notaires un surcroît de fatigue et d'ennuis souvent intolérable. Je dis plus, il est la cause principale des accidents, des méfaits dont le notariat et la société sont parfois affligés.

Un officier public donne à la préparation, à la

conclusion d'une affaire sérieuse un soin attentif et intelligent; il sauve du péril un client, et celui-ci viendra ensuite débattre le chiffre de l'honoraire comme il marchande sous la halle de la viande ou du poisson! Et quand, pour éviter une discussion digne des plus basses échoppes, le notaire dépose ses pièces sur le bureau des magistrats, il voit presque toujours son état de frais réduit et déshonoré!...

— Pourquoi la magistrature agit-elle ainsi? Elle ne le dit pas. C'est probablement qu'elle ignore les difficultés de la pratique des affaires, les préoccupations multiples des rédacteurs officiels des actes et des contrats, la responsabilité qui plane sur leur tête, combien de pourparlers et de séances préalables il faut à la confection des actes importants, quel temps et quelle patience pour concilier les prétentions contraires des gens, à combien de séances désagréables et quasi-tragiques il faut assister; c'est qu'elle oublie de considérer que l'honoraire calculé proportionnellement à l'importance de l'opération est rationnel; c'est qu'elle n'examine que la forme extérieure, le nombre de pages et de lignes de l'instrument authentique!

Qu'arrive-t-il?

Le notariat néglige ses recouvrements. Il pré-

fère temporiser, perdre l'intérêt de ses avances
et davantage, que d'aller subir un désagrément
public dans une audience ! que d'y laisser un
lambeau de la considération dont il a besoin !

Bien des officiers ministériels sont, en débutant,
d'une honorabilité irréprochable ; mais plus tard
n'ayant pas le courage de poursuivre, tous les
ans, cinquante, cent, deux cents personnes, craignant de perdre leur clientèle, craignant de
nombreux échecs à la barre du tribunal, devient
de la bonne voie, faute de ressources usent des
dépôts sacrés qui leur sont confiés, commettent
des faux, se livrent à des spéculations commer-
ciales, se lancent clandestinement dans telle ou
telle opération illicite mais immédiatement lu-
crative !

Il arrive qu'un grand nombre de notaires, jeunes encore et honnêtes, se démettent prématuré-
ment de leurs fonctions, afin de recouvrer
ce qui leur est dû et exercer librement des pour-
suites.

Il arrive que des jeunes gens distingués,
prévenus des dangers qu'ils rencontreraient, évi-
tent la carrière notariale et s'en vont porter
ailleurs leurs talents, leur activité et leurs espé-
rances.

— Un tarif suffisamment rémunérateur et

qui fût la règle du notaire et du juge, serait une mesure des plus nécessaires.

Un tarif universel a été rêvé et conçu en France, il y a déjà bien des années. Il ne verra certes pas le jour avant la fin du 19ᵉ ou du 20ᵉ siècle. Peut-être aussi est-il irréalisable et n'est-il qu'une brillante utopie.

Ne pourrait-on pas en établir un dans chaque arrondissement ? Une commission nommée par le préfet ou par le premier président de la cour d'appel, se livrerait à ce travail, qui n'a rien de pénible, et serait sanctionné ensuite par les assemblées législatives.

Un tarif légal serait un immense bienfait.

3. *Délai de l'enregistrement des actes.*

— Les notaires sont les collecteurs d'un impôt indirect considérable, et l'État ne leur fait aucune remise sur le montant des fonds qu'ils versent quotidiennement aux caisses publiques. Ne serait-il pas juste qu'on accordât au moins à ces percepteurs non salariés un délai suffisant pour recevoir, avant le jour de leur versement, les sommes dues au Trésor ?

Ils sont personnellement obligés de déposer au bureau de l'enregistrement, les uns dans le laps de 15 jours, les autres dans le laps de 10 jours, les droits réclamés par le Fisc. Or, les clients un peu gênés ont-ils un gros acte à passer, et supposent-ils que leur notaire ne pourra faire l'avance des déboursés, vont dans une autre étude, ce qui est un incident fâcheux ; et, s'ils ont le bon esprit d'aller consulter leur homme d'affaires habituel, celui-ci (autre inconvénient !) se gêne à son tour, contracte même un emprunt, pour ne pas perdre le bénéfice qui se présente.

Remarquons-le , il est mille circonstances où la passation des actes ne saurait être retardée. Partager son patrimoine entre ses héritiers, quand on se sent atteint mortellement, vendre ses biens avant son départ pour un pays étranger, pour payer une créance menaçante, pour réparer un désastre fortuit, pour établir avantageusement ses enfants, pour saisir une occasion exceptionnelle où la fortune nous sourit, sont des résolutions dont l'exécution doit être immédiate.

Il faudrait donc accorder aux notaires, pour l'enregistrement des [actes et le paiement des droits, un délai de 40 à 50 jours. Les clients au-

raient le temps de se procurer la somme récla-
mée par le receveur.

Une telle innovation exonérerait le notariat
d'une charge quelquefois trop lourde, serait fa-
vorable aux transactions et au commerce ; de
plus, elle serait équitable.

Poitiers. — Typ. de H. OUDIN frères.

www.ingramcontent.com/pod-product-compliance
Lightning Source LLC
Chambersburg PA
CBHW070152200326

41520CB00018B/5385